SCHLESWIG-HOLSTEIN
PUTTGARDEN
Scandlines

Fährschiffe Großenbrode Kai

Danmark (I) - 1951-1963
Prins Christian - 1951-1953
Dronning Ingrid - 1953-1954 + 1956-1957 + 1959 + 1963
Deutschland (II)* - 1953-1963
Freia - 1953 + 1956-1957
Kong Frederik IX - 1954-1963
Broen - 1957
Theodor Heuss - 1957-1963

Fährschiffe Puttgarden

Theodor Heuss - 1963-1997
Kong Frederik IX - 1963-1982 + 1984-1990 + 1994 + 1996
Deutschland (II) - 1963-1972
Knudshoved - 1964-1971 + 1973-1982 + 1984-1986 + 1990-1993 + 1997
Dronning Ingrid (ab 1979 Sjælland) - 1965 + 1969 + 1976-1980
Danmark (II) - 1968-1997
Deutschland (III) - 1972-1997
Prins Henrik - 1981-1997
Dronning Margrethe II - 1982-1999
Karl Carstens - 1986-1997
Prinsesse Benedikte (I) - 1987
Lodbrog - 1988-1997
Prins Richard - 1997-heute
Schleswig-Holstein - 1997-heute
Deutschland (IV) - 1997-heute
Prinsesse Benedikte (II) - 1997-heute
Holger Danske - 1999-heute
Mercandia VIII - 2015
Kronprins Frederik - 2017-heute

*die Deutschland (I) verkehrte zwischen Sassnitz und Trelleborg

Im Zug über die Ostsee

Der Fotograf Lars-Kristian Brandt wurde im Sommer 1990 in Oldenburg in Holstein geboren und wuchs an Ostsee und Elbe auf. Das besondere Interesse an der Fährschifffahrt prägt ihn von Kindesbeinen an. Während seiner Ausbildung entstand die Idee, Hobby und Beruf zu vereinen und seine Bilder mit informativen Texten zu kombinieren. Bereits 2014 erschien im Sutton Verlag sein Buch „Der Skandinavienkai in Travemünde", im Jahr 2018 der Band „Der Rostocker Fährhafen" und im Jahr 2020 „Der Kieler Fährhafen".

Lars-Kristian Brandt

Im Zug über die Ostsee

Die Geschichte der Vogelfluglinie zwischen Puttgarden und Rødbyhavn in Bildern

Für meine Großeltern Helga und Harry Brandt

SUTTON

DEUTSCHLAND (II) auslaufend Großenbrode Kai im Jahr 1962. Sie war 114,6 Meter lang, 17,7 Meter breit und verfügte auf dem Eisenbahndeck über drei Gleise mit insgesamt 256 Metern nutzbarer Gleislänge.

Einband vorne: Eine Dampflok der Baureihe 01 rangiert den EC „Merkur" an Bord der DEUTSCHLAND (III).
Vorsatz: SCHLESWIG-HOLSTEIN und PRINS RICHARD im Fehmarnbelt.
Nachsatz: Die Doppelendfähre SCHLESWIG-HOLSTEIN auf der Fahrt nach Rødbyhavn.
Einband hinten: SCHLESWIG-HOLSTEIN vor Rødbyhavn.

Impressum

Sutton Verlag GmbH
Arnstädter Straße 8
99096 Erfurt
www.suttonverlag.de

2. Auflage, 2022
ISBN: 978-3-96303-268-4
Druck: Florjančič Tisk d.o.o. / Slowenien
Gestaltung und Herstellung: Sutton Verlag
Satz: BUCHFLINK Rüdiger Wagner

Inhalt

Vorwort

Als Vogelfluglinie wird die kürzeste Verbindung zwischen Hamburg und Kopenhagen bezeichnet, die sich an der Flugroute der Zugvögel orientiert. Dieses Verkehrsprojekt war erstmals 1865 vorgesehen, wurde 1941 erneut geplant und schließlich 1963 verwirklicht. Das vorliegende Buch befasst sich mit der Fährverbindung zwischen dem deutschen Puttgarden auf der Insel Fehmarn und dem dänischen Rødbyhavn auf der Insel Lolland als Teil der Vogelfluglinie.

Von 1963 bis 1997 verkehrten auf der von König Frederik IX. und Bundespräsident Heinrich Lübke eröffneten Fährlinie zwischen Puttgarden und Rødbyhavn Dreigleisfähren der beiden staatlichen Eisenbahnbetriebe Deutsche Bundesbahn (DB) und Dänische Staatsbahnen (DSB). Der Großteil der Reise- und Güterzüge zwischen Skandinavien und der Bundesrepublik Deutschland wurde in dieser Zeit über den Fehmarnbelt trajektiert.

Im Jahr 1997 ersetzten vier moderne Doppelendfähren die alten Fährschiffe auf der Vogelfluglinie. Da der Schienengüterverkehr ab dem 1. Juni 1997 über Flensburg und die neu eröffnete feste Verbindung über den Großen Belt geführt wurde, verfügten die neuen Fähren lediglich über ein Gleis auf dem Hauptdeck für die Trajektierung des EuroCitys Hamburg–Kopenhagen.

Im Dezember 2019 wurde letztmalig ein planmäßiger Zug in Puttgarden auf die Fähre verladen, da man bereits mit Vorarbeiten für die Feste Fehmarnbeltquerung am dänischen Schienennetz begonnen hatte. Die internationalen Reisezüge zwischen Hamburg und Kopenhagen verkehren seitdem, wie schon die Güterzüge seit 1997, über Flensburg und den Großen Belt.

Dieses Buch ist in zwei Hauptkapitel gegliedert: Das erste Kapitel umfasst die Zeit bis 1996, das zweite die Zeit ab 1997 mit den Doppelendfähren. Zudem sind am Ende Steckbriefe zu allen aktuell auf der Vogelfluglinie eingesetzten Fährschiffen zu finden.

Lars-Kristian Brandt

Die DEUTSCHLAND (III) wird im Jahr 1988 von einer Museumslok der Baureihe 01 beladen. ›

01 1100
40
10

Die KRONPRINS FREDERIK diente ab 2017 als Lkw-Fähre auf der Vogelfluglinie.

1

Die Vogelfluglinie von 1963 bis 1996

Bereits vor und zwischen den beiden Weltkriegen wurde die Einrichtung einer Fährverbindung zwischen den Inseln Lolland und Fehmarn mehrfach angedacht, eine Realisierung scheiterte jedoch zumeist an der Finanzierung. Erst durch die Teilung Deutschlands nach dem Zweiten Weltkrieg und dem damit verbundenen Verlust der im Jahr 1903 errichteten Fährverbindung Warnemünde–Gedser für die Bundesrepublik Deutschland, eröffnete man im Jahr 1951 eine neue Eisenbahnfährlinie von Großenbrode Kai nach Gedser. Diese Zwischenlösung wurde gewählt, da in Gedser bereits ein Fährhafen vorhanden war und in Großenbrode in kürzester Zeit eine Fähranlage hergerichtet werden konnte, ohne zuvor den Fehmarnsund queren zu müssen. Allerdings waren der 69 Kilometer lange Seeweg und die dreistündige Fahrtzeit auf Dauer nicht wirtschaftlich, sodass am 13. Juni 1958 zwischen dem Bundesminister für Verkehr der Bundesrepublik Deutschland und dem Dänischen Minister für öffentliche Arbeiten ein Abkommen zum Ausbau der Vogelfluglinie über die Insel Fehmarn unterzeichnet wurde.

Die Lok V36 214 rangiert den Nord-Express in Großenbrode Kai auf das Fährschiff DEUTSCHLAND (II).

Das Fährschiff THEODOR HEUSS war 135,9 Meter lang, 17,7 Meter breit und verfügte auf dem Eisenbahndeck über drei Gleise mit insgesamt 317,5 Metern nutzbarer Gleislänge.

Die Überfahrt zwischen Puttgarden auf Fehmarn und Rødbyhavn auf Lolland war mit einer Stunde und 19 Kilometern deutlich kürzer als die ab Großenbrode.

Im Jahr 1959 (in Dänemark bereits 1958) begannen die Bauarbeiten an der Vogelfluglinie. Hierbei entstanden auf deutscher Seite die Neubaustrecke Großenbrode–Puttgarden, die Bundesstraße 207 von Heiligenhafen bis Puttgarden, die Fehmarnsundbrücke und der Fährhafen Puttgarden mit zwei Hauptfährbetten (ab 1965 zudem mit einem Reservefährbett) sowie einem Fährbahnhof. Auf dänischer Seite entstanden die Bahnstrecke Nykøbing–Rødbyhavn, eine Autobahn von Sakskøbing bis Rødbyhavn, die Kong Frederik IX-Brücke über den Guldborgsund und der Fährhafen Rødbyhavn mit zwei Hauptfährbetten sowie einem Fährbahnhof. Um auch bei widrigen Witterungsumständen den Fährbetrieb aufrechterhalten zu können, errichtete man um die Fährhäfen jeweils zwei Molen, die mit Steinen aufgeschüttet wurden und in massiven Betonköpfen endeten. Zwischen ihnen ließ man je eine 85 Meter breite Hafeneinfahrt offen.

Am 14. Mai 1963 wurde nach etwa vierjähriger Bauzeit die neue Fährlinie von Puttgarden nach Rødbyhavn feierlich eröffnet. Am gleichen Tag stellte man den Betrieb auf der Verbindung Großenbrode Kai–Gedser ein und die Fährschiffe DEUTSCHLAND (II), KONG FREDERIK IX und THEODOR HEUSS wechselten auf den Fehmarnbelt. Mit Beginn des

Die 1954 gebaute KONG FREDERIK IX schließt ihre Bugklappe beim Verlassen des Fährhafens von Rødbyhavn.

Sommerfahrplans am 26. Mai 1963 fuhren alle internationalen Reisezüge über die Vogelfluglinie, im Güterverkehr wurden anfangs nur die Eilgüterzüge übergesetzt, der Rest befuhr die Route über Flensburg und den Großen Belt. Erst im Laufe des Sommers 1964 wurden dann alle Güterzüge von und nach Skandinavien über Fehmarn geführt.

Bereits im Jahr 1964 reichten die Kapazitäten der drei Stammfähren nicht mehr aus, sodass die DSB die KNUDSHOVED, die zwischen Halsskov und Knudshoved über den Großen Belt verkehrte, zur Verstärkung schickte. Sie kam in den Folgejahren bis 1997 immer wieder phasenweise auf der Vogelfluglinie zum Einsatz. Eine weitere Gelegenheitsfähre zwischen Puttgarden und Rødbyhavn war die DRONNING INGRID, die zwischen 1965 und 1980 gelegentlich eingesetzt wurde. Am 7. Juni 1968 stellte die DSB ihren ersten Neubau für die Vogelfluglinie in Dienst, die 144,50 Meter lange DANMARK (II). Ab September desselben Jahres verkehrte die KONG FREDERIK IX nur noch zeitweise zwischen Puttgarden und Rødbyhavn.

Da die DEUTSCHLAND (II) Anfang der 1970er-Jahre zu klein geworden war, entschloss man sich, sie durch einen Neubau zu ersetzen. 1972 wurde die DEUTSCHLAND (III) von der Rendsburger Werft Nobiskrug abgeliefert und am 23. Juni des Jahres auf der Vogelfluglinie in Dienst gestellt. Die DEUTSCHLAND (II) wurde nach Italien veräußert, wo sie 1978 im

Im Vordergrund läuft die Autofähre LODBROG in Puttgarden ein, dahinter ist die DRONNING MARGRETHE II mit geöffneter Heckklappe zu sehen.

Mittelmeer ausbrannte. Eine aufwendige Reparatur wurde verworfen und das Schiff zur Verschrottung nach Griechenland überführt.

Anfang der 1980er-Jahre baute man die beiden Große-Belt-Fähren PRINS HENRIK und DRONNING MARGRETHE II für die Vogelfluglinie um, wobei sie jeweils ein separates Pkw-Deck erhielten. Die PRINS HENRIK wurde am 28. September 1981 und die DRONNING MARGRETHE II am 1. Juni 1982 auf der Fährlinie Puttgarden–Rødbyhavn in Dienst gestellt.

Ab September 1986 wurde die mittlerweile 29 Jahre alte THEODOR HEUSS als Güter- und Gefahrgutfähre auf der Vogelfluglinie eingesetzt und bereits im August zuvor auf der Lübecker Flender Werft dahingehend umgebaut. Ursprünglich sollte sie verkauft werden, doch aufgrund der gestiegenen Nachfrage im Frachtverkehr behielt man sie. Als Ersatz stellte die Deutsche Bundesbahn am 1. Juni 1986 das neue Fährschiff KARL CARSTENS in Dienst, das mit 164,68 Metern das bis dahin längste und größte Schiff auf der Linie war.

Im Sommer 1987 bekamen die Fährschiffe auf dem Fehmarnbelt von der PRINSESSE BENEDIKTE (I) der DSB Verstärkung, da der Straßenverkehr zunahm. Dies war auch der Grund dafür, eine eigens für den Autoverkehr konzipierte Fähre heranzuziehen, für die in Puttgarden ab November 1987 das neue Fährbett 0 gebaut wurde. In Rødbyhavn stattete man

Die KARL CARSTENS erhielt kurz vor ihrem Ausscheiden aus dem Liniendienst in den 1990er-Jahren den neuen DFO-Anstrich.

das 1985 gebaute Fährbett 3, das über keinen Gleisanschluss verfügte, mit neuen Rampen aus. Man entschied sich bei dem Schiff für die 1987/88 zur Auto- und Personenfähre umgebaute LODBROG von der Fährlinie Halsskov–Knudshoved. Für den grenzüberschreitenden Verkehr baute man ihr im November 1988 in Aarhus einen Duty-Free-Shop ein. Sie lief bereits Mitte November zur Probefahrt die Häfen Puttgarden und Rødbyhavn an, bevor sie ab dem 5. Dezember 1988 planmäßig auf der Vogelfluglinie eingesetzt wurde.

In den frühen Morgenstunden des 14. März 1991 ereignete sich auf der Vogelfluglinie der bis dahin schwerste Betriebsunfall. Das Fährschiff DRONNING MARGRETHE II wurde bei dichtem Nebel vom finnischen RoRo-Frachter BORE BRITANNICA mittschiffs an Steuerbord vor der dänischen Küste gerammt. Bei dem Unfall verunglückte eine Mitarbeiterin des Fährschiffs. Es entstand erheblicher Sachschaden, weshalb die Fähre vorerst auf Grund gesetzt wurde. Ein längerer Werftaufenthalt war die Folge.

Ab dem Jahr 1993 gehörten alle drei deutschen Fährschiffe (THEODOR HEUSS, DEUTSCHLAND (III) und KARL CARSTENS) der neu gegründeten Deutschen Fährgesellschaft Ostsee mbH (DFO) mit Sitz in Rostock an. Die dänischen Fährschiffe gehörten ab 1995 zur DSB Rederi, die 1997 in Scandlines umbenannt wurde.

Im Juli 1961 fährt der Kopenhagen-Express in Großenbrode Kai an Bord des Fährschiffs DEUTSCHLAND (II).

DB
OLD-H 770

Bau der Westmole des Fährhafens Puttgarden. Steinfischer fischten die für den Molenbau benötigten Findlinge vom Meeresboden der Ostsee.

Die Fährbecken in Puttgarden und Rødbyhavn wurden im Schutz eines Fangedamms errichtet. Hier blickt man ins Puttgardener Fährbett 2.

Im Juli 1963 liegen die Fährschiffe DEUTSCHLAND (II) (links) und KONG FREDERIK IX (rechts) in Puttgarden. V200 120 zieht einen Personenzug aus letzterer.

Das DB-Fährschiff THEODOR HEUSS liegt im Jahr 1959 am Fähranleger in Großenbrode Kai.

Am 5. Juli 1963 verlässt die DEUTSCHLAND (II) den Fährhafen Puttgarden. Rechts, im Fährbett 1, liegt die dänische Fähre KONG FREDERIK IX.

In Puttgarden liegen im Jahr 1963 die beiden Eisenbahnfährschiffe DEUTSCHLAND (II) (links) und KONG FREDERIK IX (rechts).

Das Fährschiff THEODOR HEUSS am 14. Mai 1963, dem Tag der Eröffnung der Fährlinie, im Puttgardener Fährbett 1.

Die V200 115 stellt im Jahr 1963 den entladenen Nord-Express am Bahnsteig in Puttgarden für die Weiterfahrt nach Paris zusammen.

Blick auf die Fährschiffe KONG FREDERIK IX (links) und THEODOR HEUSS (rechts) 1963 im Fährhafen Puttgarden.

Die KNUDSHOVED wurde ab 1964 auf der Vogelfluglinie eingesetzt. Sie war 109,2 Meter lang, 17,7 Meter breit und verfügte auf dem Eisenbahndeck über drei Gleise mit insgesamt 245 Metern nutzbarer Gleislänge.

Prägend für die dänischen Fähren waren der schwarz-rot-weiß-rot-schwarze Schornstein und der schwarze Rumpfanstrich. Hier die ab 1968 eingesetzte DANMARK (II) auf dem Fehmarnbelt.

Die KNUDSHOVED liegt im Fährbett 1 in Puttgarden. Auf der Wiese links errichtete man in den 1980er-Jahren das Fährbett 0 für die Autofähre LODBROG.

Das Fährschiff THEODOR HEUSS besaß anfangs eine weiße Rumpfbemalung und verfügte über ein separates Pkw-Deck.

Die THEODOR HEUSS passiert die Molenköpfe von Puttgarden auf der Fahrt ins dänische Rødbyhavn.

Im Jahr 1972 rangiert die Lok 221 133 Personenwagen in das im Puttgardener Fährbett 1 liegende Fährschiff DANMARK (II).

Ein Wagenmeister telefoniert auf dem Puttgardener Bahnsteig 1 mit dem Fahrdienstleiter im Stellwerk und meldet den Zug auf Gleis 3 abfahrbereit.

Das 1972 gebaute Fährschiff DEUTSCHLAND (III) löste die ältere DEUTSCHLAND (II) von 1953 auf der Vogelfluglinie ab.

Das Wahrzeichen der Vogelfluglinie, die 1963 eröffnete Fehmarnsundbrücke, verbindet die Insel Fehmarn mit dem Festland.

Die 1972 gebaute DEUTSCHLAND (III) im Fehmarnbelt. Das Markante an dieser Eisenbahnfähre war der Mast am Schornstein.

Auf Gleis 2 im Fährbahnhof Puttgarden steht am 4. März 1978 der TEE 34 „Merkur", bestehend aus einer Lok der Baureihe 221 und zwei Wagen der ersten Klasse.

Eine Rangierlok der Baureihe 260 schiebt im September 1985 in Puttgarden den Holland-Skandinavien-Express (D 231) auf das Fährschiff DANMARK (II).

Die SJÆLLAND, bis 1979 DRONNING INGRID, liegt in Kopenhagen auf. Sie war 110,4 Meter lang, 17,7 Meter breit und verfügte auf dem Eisenbahndeck über drei Gleise mit insgesamt 256,8 Metern nutzbarer Gleislänge.

Die DRONNING MARGRETHE II verkehrte anfangs auf dem Großen Belt, bevor sie nach einem Umbau auf die Vogelfluglinie wechselte.

Bedingt durch Bauarbeiten am Fährbett in Gedser, verkehrte die WARNEMÜNDE im Herbst 1985 ausnahmsweise zwischen Warnemünde und Rødbyhavn. Hier läuft sie ins Fährbett 2 ein, daneben liegt im Fährbett 1 die THEODOR HEUSS.

Blick von der PRINS HENRIK im Fährbett 2 auf den winterlichen Fährbahnhof Rødby Færge.

Die DEUTSCHLAND (III) war 144,1 Meter lang, 17,7 Meter breit und verfügte auf dem Eisenbahndeck über drei Gleise mit insgesamt 345 Metern nutzbarer Gleislänge.

Die DANMARK (II) vor Puttgarden. Diese Generation von Fähren musste nach dem Auslaufen aus Rødbyhavn und vor dem Einlaufen in Puttgarden ein Wendemanöver vollziehen.

Blick über die zwischen den Fährbetten 1 und 2 befindlichen Landgangsanlagen im Fährhafen Rødbyhavn.

Für ihren Einsatz auf der Vogelfluglinie wurden der DRONNING MARGRETHE II und ihrem Schwesterschiff, der PRINS HENRIK, jeweils ein Pkw-Deck eingebaut.

Die neu gebaute KARL CARSTENS wurde im Jahr 1986 auf dem Hamburger Hafengeburtstag vorgestellt.

Die DRONNING MARGRETHE II im Fehmarnbelt. Die Fähren benötigten zu dieser Zeit für die Überquerung rund eine Stunde.

In Puttgarden zieht im September 1985 die Lok 218 430 den D 373 Hansa-Express von der PRINS HENRIK ab.

Die KARL CARSTENS war 164,7 Meter lang, 17,7 Meter breit und verfügte auf dem Eisenbahndeck über drei Gleise mit insgesamt 405,5 Metern nutzbarer Gleislänge. Sie war bei ihrer Indienststellung die bislang größte Fähre auf der Vogelfluglinie.

DEUTSCHLAND

Im Frühjahr 1988 rangiert die Dampflok 01 1100 den EC „Merkur“ an Bord der DEUTSCHLAND (III). Sie bespannte zuvor einen Sonderzug nach Puttgarden.

Die KARL CARSTENS im Fährbett 2 in Rødbyhavn. Hier wurden die Fahrzeuge mithilfe einer Doppelstockrampe über den Bug be- und entladen.

Die See im Fehmarnbelt ist leicht aufgewühlt, als die DANMARK (II) die Meerenge in Richtung Süden quert.

Das Eisenbahnfährschiff THEODOR HEUSS im winterlichen Puttgarden. Bis 1997 wurden die Fähren noch mit Leinen festgemacht. Heutzutage übernimmt dies eine automatische Festmachvorrichtung.

Eine Rangierlok der Baureihe 260 hat in Puttgarden am Zugschluss des Holland-Skandinavien-Expresses angekuppelt, um diesen in Kürze an Bord der DANMARK (II) zu schieben.

Die KARL CARSTENS läuft in Rødbyhavn ein. Im Jahr 2006 wurde sie zu einem sogenannten Floating-Production-Storage-and-Offloading-Schiff umgebaut.

In den 1990er-Jahren liegen die Fähren LODBORG, PRINS HENRIK und KARL CARSTENS (von links nach rechts) in Rødbyhavn.

Bei einem Umbau erhielt die THEODOR HEUSS zwei markante Lüfter auf dem Oberdeck. Diese dienten der Belüftung der Fahrzeugdecks.

Die Autofähre LODBROG wurde ab 1988 auf der Vogelfluglinie eingesetzt. Sie war lediglich auf das Übersetzen von Straßenfahrzeugen ausgelegt.

Blick vom Sonnendeck der DANMARK (II) auf die Landgangsanlagen in Puttgarden.

Die PRINS HENRIK und ihr Schwesterschiff DRONNING MARGRETHE II waren 144,7 Meter lang, 17,7 Meter breit und verfügten auf dem Eisenbahndeck jeweils über drei Gleise mit insgesamt 343 Metern nutzbarer Gleislänge.

Mit geöffneter Bugklappe läuft die THEODOR HEUSS rückwärts aus Rødbyhavn aus. Benannt wurde sie nach dem ersten Bundespräsidenten der Bundesrepublik Deutschland.

Die DRONNING MARGRETHE II wurde nach ihrem Zusammenstoß mit der Frachtfähre BORE BRITANNICA auf Grund gesetzt und später mithilfe zweier Schwimmkräne geborgen.

Die THEODOR HEUSS querte in ihren 40 Dienstjahren über 95.000 Mal den Fehmarnbelt.

Das Eisenbahnfährschiff KARL CARSTENS auf dem Weg durch die zugefrorene Ostsee nach Rødbyhavn.

Blick über die Reling der PRINS HENRIK. Voraus fährt die Autofähre LODBROG.

An Bord der PRINS HENRIK geht es über den winterlichen Fehmarnbelt.

Mit weit geöffneter Bugklappe läuft die KARL CARSTENS ins Fährbett 2 von Rødbyhavn ein. Benannt wurde sie nach dem fünften Bundespräsidenten der BRD.

Die THEODOR HEUSS läuft nach ihrem Wendemanöver in den Puttgardener Fährhafen ein. Das Foto entstand von der Westmole aus.

Ab 1993 gehörten die deutschen Fährschiffe der neu gegründeten Deutschen Fährgesellschaft Ostsee (DFO). Somit verschwand das alte Logo am Schornstein und wurde, wie hier bei der DEUTSCHLAND (III), durch das neue ersetzt.

Die DEUTSCHLAND (III) auf dem Weg von Fehmarn nach Lolland. Auf dem Oberdeck weht die Bundesdienstflagge, welche die Fähre bis 1994 als Dienststelle des Bundes auswies.

Die KONG FREDERIK IX war 114,3 Meter lang, 17,7 Meter breit und verfügte auf dem Eisenbahndeck über drei Gleise mit insgesamt 258,5 Metern nutzbarer Gleislänge.

Die KNUDSHOVED besaß im Gegensatz zu den anderen Fährschiffen auf der Vogelfluglinie keine Bugklappe, sondern lediglich ein Bugtor.

Die DANMARK (II) bekam bei einem Umbau im Februar 1989 in Fredericia zwei neue, geschlossene Rettungsboote, welche die vier älteren ersetzten.

Zudem bekam die DANMARK (II) bei dem Umbau einen Supermarkt am Heck eingebaut, da der Verkauf von zollfreien Waren zu diesem Zeitpunkt weiter an Bedeutung gewann.

Die THEODOR HEUSS erhielt im Jahr 1993 das DFO-Logo am Schornstein. Hier läuft sie aus Puttgarden aus.

Die KARL CARSTENS quert Anfang der 1990er-Jahre den Fehmarnbelt. Im Hintergrund erkennt man die PRINS HENRIK.

Die THEODOR HEUSS läuft mit geöffneter Bugklappe ins Fährbett 1 in Rødbyhavn ein.

Die LODBROG war 131,7 Meter lang, 19,4 Meter breit und konnte 50 Lkw oder alternativ 280 Pkw befördern.

In Puttgarden liegen die Eisenbahnfährschiffe THEODOR HEUSS, DRONNING MARGRETHE II und KARL CARSTENS (von links nach rechts).

Die DEUTSCHLAND (III) erhielt in ihren letzten Einsatzjahren auf der Vogelfluglinie den neuen DFO-Anstrich.

Die KARL CARSTENS erhielt ebenfalls den neuen DFO-Anstrich, jedoch waren die Buchstaben anfangs dünner ausgeführt, was später angeglichen wurde.

2

Die Vogelfluglinie von 1997 bis heute

Aufgrund der stetigen Zunahme des Straßenverkehrs, des Wegfalls des Schienengüterverkehrs, der seit dem 1. Juni 1997 via Flensburg und die feste Verbindung über den Großen Belt geleitet wird, und der ungleichen Fährschiffe wurde beschlossen, vier neue, nahezu baugleiche Doppelendfähren auf der Fährlinie Puttgarden–Rødbyhavn einzusetzen. Sie ermöglichten eine Überfahrtzeit von lediglich 45 Minuten.

Für den Einsatz der neuen Doppelendfähren wurden ab 1996 die beiden Fährhäfen großzügig umgebaut. Hierbei erhielten jeweils zwei Fährbetten neue Doppelstockrampen, wurden modernisiert und bekamen einen neuen Landgang für Fußgänger. Die restlichen Fährbetten blieben unverändert, da sie zum einen während der Übergangszeit von den alten Fährschiffen weiter genutzt wurden und zum anderen die bereits umgebauten Fährbetten für die vier

Die erste deutsche Doppelendfähre auf der Vogelfluglinie war im August 1997 die SCHLESWIG-HOLSTEIN, hier einlaufend Puttgarden.

Die SCHLESWIG-HOLSTEIN im Oktober 2009 auf dem Fehmarnbelt.

neuen Doppelendfähren vollkommen ausreichend waren. Alle bisher eingesetzten Fährschiffe wurden von der Linie abgezogen. Als erste Doppelendfähre wurde die PRINS RICHARD am 6. Juni 1997 von Scandlines in Dienst gestellt. Es folgten am 1. August 1997 die SCHLESWIG-HOLSTEIN (DFO), am 11. Oktober 1997 die DEUTSCHLAND (IV) (DFO) und am 1. November 1997 die PRINSESSE BENEDIKTE (II) (Scandlines).

Schon im Oktober 1997 kollidierte die neue Fähre SCHLESWIG-HOLSTEIN zweimal mit der Puttgardener Ostmole. In der Lübecker Flenderwerft, die sie reparaturbedürftig aufsuchen musste, wurde durch fahrlässige Handlungen im Trockendock beinahe ein Totalschaden des Fährschiffes durch seitliches Umfallen verursacht und konnte nur durch schnelles Fluten des Docks verhindert werden.

Im Juli 1998 schlossen sich die Reedereien DFO und Scandlines A/S zusammen und gründeten die Scandlines AG, an der zu je 50% die DB und die DSB beteiligt waren.

Im September 1998 kam die für den Rostock-Gedser-Dienst umgebaute Fähre DRONNING MARGRETHE II als Gefahrgutfähre kurzzeitig auf die Vogelfluglinie zurück, bevor sie im Juni 1999 endgültig nach Rostock wechselte. Die Nachfolge als Gefahrgutfähre auf der Vogelfluglinie trat am 18. Juni 1999 die in Nakskov aufgelegte HOLGER DANSKE an.

Aufgrund von technischen Problemen kollidierte das Fährschiff PRINS RICHARD am 19. Juni 2001 in der Mittagszeit mit der Puttgardener Ostmole. Tagsüber wurde damit der

Ein ICE TD rollt auf der Fahrt von Hamburg nach Kopenhagen in Puttgarden an Bord der Doppelendfähre PRINS RICHARD.

komplette Fährverkehr auf der Vogelfluglinie lahmgelegt. Zwei angeforderte Schlepper zogen den Havaristen am späten Nachmittag vom Molenkopf frei.

In den Jahren 2003 und 2004 wurden die vier Doppelendfähren mit jeweils einem Hängedeck für die verkehrsstarken Sommermonate ausgerüstet. In Puttgarden und in Rødbyhavn wurden zudem seitliche Auffahrrampen angelegt, um das Hängedeck unabhängig von den anderen Decks bedienen zu können.

Im August 2007 verkauften die DB und die DSB ihre je 50-prozentigen Scandlines-Anteile an die 3i Group (40%), Allianz Capital Partners GmbH (40%) und die Deutsche Seereederei GmbH (20%). Letztere veräußerte im Oktober 2010 ihre Anteile zu gleichen Teilen an die 3i Group und Allianz Capital Partners GmbH, die nun mit je 50% beteiligt waren. Anfang 2018 verkaufte der seit Dezember 2013 alleinige Gesellschafter, die 3i Group, seine Geschäftsanteile an First State Investments und Hermes Investment Management. Von dem Erlös kaufte sich die 3i Group wiederum 35% der Geschäftsanteile zurück. First State Investments besaß nun 50,1% und Hermes Investment Management 14,9% der Anteile an Scandlines.

Zum Fahrplanwechsel im Dezember 2007 wurden auf der Vogelfluglinie erstmals ICE-Züge der Baureihe 605 eingesetzt und trajektiert. Diese übernahmen bis 2017 Leistungen der Triebwagen DSB MF („Gumminase") und verlängerten zeitweise die Verbindung Kopenhagen–Hamburg bis Berlin.

Die PRINSESSE BENEDIKTE (II) wurde im Jahr 2013 die erste Hybridfähre in der Scandlines-Flotte. Man verdeutlichte dies durch einen hellgrünen Streifen und die Aufschrift „HYBRID FERRY" am Rumpf.

In den Jahren 2013 und 2014 ließ Scandlines ihre vier Doppelendfähren zu Hybridfähren umbauen. Hierbei wurde ein Dieselgenerator durch ein Batteriepaket ersetzt, das überschüssige Energie speichert und bei Bedarf wieder abgibt. Mit dem System werde laut Reederei Treibstoff gespart und somit der Ausstoß von CO_2 reduziert. Zusätzlich erhielten die Doppelendfähren je einen Abgaswäscher, der mindestens 90% des Schwefel- und Rußpartikelgehalts aus den Emissionen entferne.

Im Sommer 2015 setzte Scandlines kurzzeitig die gecharterte MERCANDIA VIII als Ersatz für die in der Werft befindliche PRINSESSE BENEDIKTE (II) zwischen Puttgarden und Rødbyhavn ein.

Mit dem Einsatz neuer Fährschiffe auf der Linie Rostock–Gedser wurde die zuvor dort eingesetzte KRONPRINS FREDERIK ab April 2017 als Reservefähre auf der Vogelfluglinie in Dienst gestellt.

Ab dem Jahr 2019 tauschte Scandlines bei den vier Doppelendfähren die Antriebsgondeln aus. Die neuen Thruster seien laut Reederei leiser, würden weniger Vibrationen erzeugen und dazu beitragen, den CO_2-Ausstoß zu reduzieren.

Am 14. Dezember 2019 wurde zum letzten Mal in Puttgarden ein Zug auf eine Fähre verladen, um den Fehmarnbelt in Richtung Kopenhagen zu queren. Aufgrund von Bauarbeiten in Dänemark für den geplanten Fehmarnbelttunnel werden die EC-Züge der Linie Hamburg–Kopenhagen für die nächsten Jahre über die Festlandroute via Padborg umgeleitet.

Die Doppelendfähre SCHLESWIG-HOLSTEIN liegt am Kai der niederländischen Bauwerft Van der Giessen-De Noord in Krimpen aan den IJssel in den Niederlanden.

Die PRINS RICHARD war im Juni 1997 die erste Doppelendfähre auf der Vogelfluglinie. Hier liegt sie im Fährbett 3 in Rødbyhavn.

Stapellauf der SCHLESWIG-HOLSTEIN am 3. Mai 1997 im niederländischen Krimpen aan den IJssel.

Nach dem Stapellauf wird die Fähre zum Ausrüstungskai der Werft geschleppt.

Der Stapellauf der zweiten deutschen Doppelendfähre, der DEUTSCHLAND (IV), fand am 1. Juli 1997 statt. Hier wird sie zur Fertigstellung am Kai der Werft festgemacht.

Lkw rollen in Rødbyhavn vom Eisenbahndeck der SCHLESWIG-HOLSTEIN. Hier liegt die Fähre im Fährbett 3, das wie das Fährbett 0 in Puttgarden über keinen Gleisanschluss verfügt.

Von der Brücke der SCHLESWIG-HOLSTEIN steuert der Kapitän das Fährschiff in den Hafen von Rødbyhavn. Das Fährbett 3 ist bereits fertig umgebaut.

Die Fähre SCHLESWIG-HOLSTEIN läuft während ihrer ersten Einsatztage auf der Vogelfluglinie in den Fährhafen Puttgarden ein.

Blick über die SCHLESWIG-HOLSTEIN. Im Hintergrund erkennt man den Fährhafen Rødbyhavn und die Fährschiffe DANMARK (II), DRONNING MARGRETHE II und KARL CARSTENS (von links nach rechts).

Während der Umbauphase der Fährhäfen liegen die KARL CARSTENS (links) und die THEODOR HEUSS (rechts) in Puttgarden.

Auf der Brücke der SCHLESWIG-HOLSTEIN steuert man den Fährhafen von Rødbyhavn an.

Die DEUTSCHLAND (III) wurde 1998 als EL SALAM 97 nach Ägypten verkauft und bereits im März 1999 im indischen Alang abgewrackt.

DRONNING MARGRETHE II (links) und THEODOR HEUSS (rechts) am 6. April 1997 in Puttgarden. Kurz nach dieser Aufnahme verließ die THEODOR HEUSS Puttgarden für immer.

Der Autor mit sechs Jahren am Bootshafen in Puttgarden. Im Hintergrund liegen am 6. April 1997 das kleine Arbeitsschiff FEHMARNSUND und im Fährbett 3 die THEODOR HEUSS.

Blick über die geöffnete Bugklappe der SCHLESWIG-HOLSTEIN auf die provisorische Fahrzeugrampe am Fährbett 0 in Puttgarden.

Die neue SCHLESWIG-HOLSTEIN und die alte DEUTSCHLAND (III) liegen im Jahr 1997 gemeinsam im Fährhafen Puttgarden.

Die PRINS RICHARD in Rødbyhavn im Fährbett 3. Dahinter ist die DEUTSCHLAND (III) zu erkennen.

Am 9. Oktober 1997 wurden nacheinander die beiden neuen DFO-Fähren in Puttgarden getauft. Im Fährbett 1 (links) liegt die frisch getaufte DEUTSCHLAND (IV), im Fährbett 2 (rechts) die DANMARK (II).

An der provisorischen Fährbrücke im Fährbett o konnte lediglich das Eisenbahndeck der neuen Doppelendfähren bedient werden.

Die Taufpatin der SCHLESWIG-HOLSTEIN, Heide Simonis, Ministerpräsidentin des gleichnamigen Bundeslandes, bei der Brückenbesichtigung.

Blick in das Eisenbahndeck der in Rødbyhavn festgemachten SCHLESWIG-HOLSTEIN am 9. Oktober 1997, dem Tag der Taufe.

Die SCHLESWIG-HOLSTEIN querte seit 1997 unzählige Male den Fehmarnbelt.

Ab 1998 erhielten auch die beiden deutschen Fähren die Scandlines-Farben an Rumpf und Schornsteinen. Hier läuft die DEUTSCHLAND (IV) aus Puttgarden aus.

Die beiden dänischen Fähren erhielten im Jahr 1998 aus Marketing-Gründen den Zusatz „Vogelfluglinie" an der Bordwand. Hier zu sehen bei der PRINSESSE BENEDIKTE (II).

Am 19. Juni 2001 kollidierte die PRINS RICHARD mit der Ostmole in Puttgarden. Erst nach mehreren Stunden konnte das Schiff von Schleppern befreit werden.

Am 24. und 25. Mai 2003 wurde das 40. Jubiläum der Vogelfluglinie gefeiert. Im Fährbahnhof Puttgarden fand an diesen Tagen eine historische Fahrzeugschau statt.

Ein dänischer Sonderzug wurde mit der Fähre übergesetzt und ergänzte tagsüber die Fahrzeugschau.

Ein Sonderzug, gezogen von einer Museumslok der Baureihe V200, pendelte zwischen Puttgarden und Großenbrode. Hierbei gab es einen Aussichtshalt auf der Fehmarnsundbrücke.

Nach der Fahrzeugschau wurde der dänische Sonderzug an Bord der PRINSESSE BENEDIKTE (II) geschoben. Die Rangierlok der Baureihe 360 übernahm diese Aufgabe.

Luftaufnahme vom Fährhafen und Fährbahnhof Puttgarden aus Richtung Norden. Die PRINSESSE BENEDIKTE (II) läuft aus Dänemark ein.

Der Schwimmkran MAJA installiert die Rampe zur Bedienung der neuen Hängedecks am Fährbett o.

Das Fährschiff SCHLESWIG-HOLSTEIN im Fährhafen Puttgarden.

SCHLESWIG-HOLSTEIN
Scandlines

Die PRINSESSE BENEDIKTE (II) liegt im Fährbett 2 in Rødbyhavn. Benannt wurde sie nach der jüngeren Schwester der dänischen Königin Margrethe II.

Durch eine seitliche Klappe rollen Fahrzeuge auf das Hängedeck der DEUTSCHLAND (IV). Dieses Deck kann bei Bedarf eingesetzt werden.

Im Mai 2005 liegt die Fähre ASK beschäftigungslos in Puttgarden auf. Kurze Zeit später wurde sie von der NATO für einen Militärtransport gechartert, bevor sie im Juni 2005 nochmals einige Tage in Puttgarden verbrachte.

Luftaufnahme von Westen vom Fährhafen Puttgarden. Im Vordergrund liegt das Portcenter, das seit 2001 als schwimmender Grenzshop dient.

Die SCHLESWIG-HOLSTEIN auslaufend Puttgarden. Nach 19 Kilometern und 45 Minuten Fahrt, wird sie den dänischen Fährhafen Rødbyhavn erreicht haben.

Die SCHLESWIG-HOLSTEIN liegt im Puttgardener Fährbett 0. Der Monitor oberhalb der Fährbrücken hilft dem Kapitän das Fährschiff mittig anzulegen.

Die PRINS RICHARD läuft mit geöffneter Bugklappe in Puttgarden ein. Sie ist nach Richard Casimir Karl August Robert Konstantin Prinz zu Sayn-Wittgenstein-Berleburg, dem Mann von Prinzessin Benedikte, benannt.

Blick von der Brücke der SCHLESWIG-HOLSTEIN auf die im Dezember 2004 in Rødbyhavn aufgelegte ehemalige Bornholm-Fähre RÜGEN.

Der ICE TD verkehrte von 2007 bis 2017 zwischen Kopenhagen und Hamburg. Zeitweise verkehrte er weiter bis Berlin.

Puttgarden
ICE

Die PRINSESSE BENEDIKTE (II) läuft mit geöffneter Bugklappe in das Fährbett 2 in Rødbyhavn ein. Dieses Fährbett verfügt im Gegensatz zum Fährbett 3 über einen Gleisanschluss.

An dem Ende der SCHLESWIG-HOLSTEIN, mit dem die Fähre in Rødbyhavn anlegt, befinden sich unterhalb der Brücke die Kabinen der Besatzung.

Aufgrund einer Zugverspätung treffen sich im Oktober 2009 zwei ICE TD am Bahnsteig in Puttgarden.

Das Fährschiff DEUTSCHLAND (IV) im Fährbett o in Puttgarden. Dort legte bis 1997 die Autofähre LODBROG an.

Ein ICE TD an Bord der DEUTSCHLAND (IV). Dieser vierteilige Triebzug konnte dank seinem dieselelektrischen Antrieb auf der größtenteils nicht elektrifizierten Vogelfluglinie eingesetzt werden.

Im April 2009 liegt das Fährschiff ROSTOCK in Puttgarden auf. Es verkehrte von 2007 bis 2008 für Scandlines zwischen Rostock und Gedser.

Mit dieser Vorrichtung werden die vier Doppelendfähren automatisch im Hafen festgemacht. Zusätzlich verankert sich die Fährbrücke am Schiff.

Blick über die Fährbrücken am Fährbett 0 auf die einlaufende DEUTSCHLAND (IV). Am linken Bildrand ragt die Rampe für die Beladung des Hängedecks in den Himmel.

Ein ICE TD rollt von Bord der PRINS RICHARD an den Bahnsteig in Puttgarden. In etwa 1,5 Stunden wird der Zug den Hamburger Hauptbahnhof erreicht haben.

Die PRINSESSE BENEDIKTE (II) läuft in Puttgarden ein. Name und Heimathafen der beiden dänischen Fähren befinden sich jeweils nur auf einer Bugseite.

Die Gefahrgutfähre HOLGER DANSKE wurde ursprünglich als Eisenbahn-Doppelendfähre für die Linie Helsingør–Helsingborg gebaut.

Die PRINSESSE BENEDIKTE (II) vor Rødbyhavn.

Tagsüber fährt in der Regel alle 30 Minuten eine Doppelendfähre über den Fehmarnbelt. Hier läuft die PRINS RICHARD in Puttgarden ein.

Der ICE TD fuhr als Gemeinschaftsprojekt von DB und DSB. Zu verkehrsstarken Zeiten wurde in Dänemark eine weitere Einheit zugestellt.

Blick auf den Fährhafen Rødbyhavn. Im Fährbett 1, das weitestgehend im Ursprungszustand erhalten blieb, liegt die Gefahrgutfähre HOLGER DANSKE.

Am 23. Dezember 2012 rollen in Puttgarden nur wenige Fahrzeuge an Bord der SCHLESWIG-HOLSTEIN, sodass zur Beladung nur das Eisenbahndeck genutzt wird.

Die PRINS RICHARD quert den Fehmarnbelt. Die Ostsee ist an dieser Stelle bis zu 30 Meter tief und an der schmalsten Stelle 18,6 Kilometer breit.

Die DEUTSCHLAND (IV) einlaufend Puttgarden. Im Hintergrund erkennt man die PRINSESSE BENEDIKTE (II) auf der Fahrt nach Dänemark.

Im Januar 2010 hat es so heftig geschneit, dass der ICE von Kopenhagen nach Hamburg eine zentimeterhohe Schneewehe durchbrechen muss. Die Bundespolizei dokumentiert dies.

Das Selbstbedienungsrestaurant an Bord der Doppelendfähre DEUTSCHLAND (IV), aufgenommen beim Einlaufen in Puttgarden.

Ein EuroCity rollt an Bord der PRINSESSE BENEDIKTE (II). Die Züge der dänischen Baureihe MF verkehrten bereits ab 1993 zwischen Hamburg und Kopenhagen.

Blick über die Wartespuren im Fährhafen Rødbyhavn auf die Doppelendfähre SCHLESWIG-HOLSTEIN im Fährbett 3.

In den Jahren 2013 und 2014 wurden die vier Doppelendfähren zu Hybridfähren umgebaut. Auf dem Bild quert die SCHLESWIG-HOLSTEIN den Fehmarnbelt.

Vom einlaufenden Fährschiff blickt man im Fährhafen von Rødbyhavn auf das dortige Fährbett 3 und die schon von Fehmarn sichtbaren Getreidesilos.

Von April bis Juli 2015 ersetzte die MERCANDIA VIII auf der Vogelfluglinie die PRINSESSE BENEDIKTE (II), die zuvor am 11. März 2015 beim Ausdocken in Danzig vom Kielblock gerutscht und leckgeschlagen war.

Die PRINS RICHARD einlaufend in Puttgarden. Am Steuerbord-Schornstein erkennt man bereits den neu eingebauten Abgaswäscher.

Entladen der MERCANDIA VIII im Fährbett 0 in Puttgarden. ›

CARRIER
Kreiss
665
VOLVO
JL-3665

Während die SCHLESWIG-HOLSTEIN (rechts) schon zur Hybridfähre mit Abgaswäscher umgebaut wurde, steht der DEUTSCHLAND (IV) (Mitte) dieser Umbau noch bevor. Im Hintergrund ist die PRINSESSE BENEDIKTE (II) zu erkennen.

Das Selbstbedienungsrestaurant auf der SCHLESWIG-HOLSTEIN. Hier kann während der 45-minütigen Überfahrt bei bester Sicht auf die Ostsee entspannt gegessen werden.

Die Gefahrgutfähre HOLGER DANSKE befördert zwischen Puttgarden und Rødbyhavn alles, was nicht auf den regulären Fähren befördert werden darf, wie beispielsweise explosive oder leicht entzündliche Stoffe.

Die DEUTSCHLAND (IV) legt am 4. Juli 2015 im Puttgardener Fährbett 1 an. Am rechten Schornstein erkennt man deutlich den eingebauten Abgaswäscher.

Die DEUTSCHLAND (IV) hatte ab 2014 für einige Jahre am westlichen Schornstein kein Reederei-Logo. Im Hintergrund erkennt man die PRINSESSE BENEDIKTE (II).

Die Hybridfähre PRINSESSE BENEDIKTE (II) erreicht an einem sonnigen Abend im August 2015 den Fährhafen Puttgarden.

Ein ICE TD auf der Fahrt von Hamburg nach Kopenhagen fährt im Juni 2014 an Bord der Doppelendfähre PRINS RICHARD.

Der Fährhafen Puttgarden im April 2014. Im Hintergrund wird im Fährbett 1 die PRINS RICHARD mit Fahrzeugen beladen.

Ein ICE TD rollt von Bord der DEUTSCHLAND (IV). Der Turm am rechten Bildrand dient zur Ver- und Entsorgung der Fähre.

UTSCHLAND
PUTTGARDEN

Alle drei Decks der SCHLESWIG-HOLSTEIN werden im Juli 2015 in Puttgarden entladen. Dank separater Rampen kann dies gleichzeitig und unabhängig voneinander geschehen.

Im November 2018 läuft die DEUTSCHLAND (IV) aus Rødbyhavn aus. Am Bug erkennt man deutlich die „Goldene Krone im blauen Meer", das Symbol der Insel Fehmarn, das beide deutschen Fähren ziert.

Die vormals auf der Verbindung Rostock–Gedser eingesetzte KRONPRINS FREDERIK verkehrt seit April 2017 an verkehrsstarken Tagen zur Lkw-Beförderung auf der Vogelfluglinie.

Die PRINSESSE BENEDIKTE (II) läuft, angestrahlt von der Abendsonne, in den Fährhafen Puttgarden ein.

Die PRINS RICHARD liegt im November 2018 im dänischen Rødbyhavn im Fährbett 2. Der ursprünglich eingebaute Abgaswäscher wurde nochmals erweitert.

Die Doppelendfähren werden nicht mehr mit einem Steuerrad, sondern mithilfe von Joysticks gesteuert. Hier sieht man die Brücke der PRINSESSE BENEDIKTE (II).

Die SCHLESWIG-HOLSTEIN läuft in Puttgarden ein.

Das Treppenhaus an Bord der PRINSESSE BENEDIKTE (II).

Die PRINSESSE BENEDIKTE (II) liegt in Puttgarden im Fährbett 0. Aufgrund von Niedrigwasser sind die Fährbrücken stark abschüssig geneigt.

Die KRONPRINS FREDERIK nutzt in Rødbyhavn gemeinsam mit den Doppelendfähren das Fährbett 3, in Puttgarden legt sie ihre nachträglich am Heck installierten Rampen im dortigen Fährbett 3 auf eine abgeschrägte Kaikante ab.

Die DEUTSCHLAND (IV) verlässt Rødbyhavn. Am westlichen Schornstein prangt seit 2017 ein verkleinertes Scandlines-Logo.

Die PRINS RICHARD liegt im Fährbett 0 in Puttgarden. Die Be- und Entladung der Fähren dauert fahrplanmäßig nur 15 Minuten.

3

Aktuell eingesetzte Fährschiffe

Derzeit verkehren sechs Fährschiffe auf der Vogelfluglinie zwischen Puttgarden und Rødbyhavn. Zum einen sind dies die vier Doppelendfähren PRINS RICHARD, SCHLESWIG-HOLSTEIN, DEUTSCHLAND (IV) und PRINSESSE BENEDIKTE (II), zum anderen die beiden zur Lkw-Beförderung bestimmten Fähren HOLGER DANSKE und KRONPRINS FREDERIK. Während die Doppelendfähren speziell für die Route gebaut und nie woanders eingesetzt wurden, haben die Lkw-Fähren eine abwechslungsreiche Vergangenheit. Die HOLGER DANSKE wurde 1976 als Eisenbahnfähre für die Linie Helsingør–Helsingborg gebaut und verkehrte dort bis 1991. Anschließend wechselte sie als Auto- und Lkw-Fähre auf die Linie Kalundborg–Kolby Kås, wo sie bis 1998 ihren Dienst verrichtete, bevor sie im Jahr 1999 auf die Vogelfluglinie kam. Die KRONPRINS FREDERIK wurde 1981 ebenfalls als Eisenbahnfähre gebaut und bis 1997 auf dem Großen Belt zwischen Korsør und Nyborg als InterCity-Fähre eingesetzt. Zwischen 1998 und 2016 kam sie für Scandlines auf der Verbindung Rostock–Gedser zum Einsatz, bevor sie 2017 auf der Vogelfluglinie als Lkw-Fähre eingesetzt wurde. Parallel dazu steht sie weiterhin als Reservefähre für die Rostock-Gedser-Linie zur Verfügung.

Die folgenden Seiten präsentieren einen Überblick über die technischen Daten aller eingesetzten Schiffe, zeitlich sortiert nach ihrem ersten Einsatz auf der Vogelfluglinie.

Das Fährschiff PRINS RICHARD im Fehmarnbelt. Durch das Auswaschen von Schwefel- und Rußpartikeln mithilfe von Wassernebel steigt Wasserdampf aus dem Schornstein.

Prins Richard

Baujahr: 1997
Bauwerft: Ørskov Staalskibsværft, Frederikshavn
Reederei: Scandlines
Länge ü.a.: 142,00 Meter
Breite: 25,40 Meter
Tiefgang: 5,80 Meter
Bruttoraumzahl: 14.822
Nettoraumzahl: 4.446
Geschwindigkeit: 18,5 Knoten
Passagiere: 1.140 Pers.
Pkw: 364 Stk.
Lkw: 580 Meter
Eisenbahn: 118 Meter (1 Gleis)

Maschinen: GenSet MAN 9M32C
1x 4.500 kW
GenSet MAK 8M32
3x 3.520 kW
EES-Kapaztät*: 1.600 kWh
EES-Output*: 3.500 kW
Antrieb: AquaMaster CRP
4x 3.000 kW
Notgenerator: GenSet MAN D2840LE
1x 357 kW

**) EES Energiespeichersystem*
Stand: Juli 2020

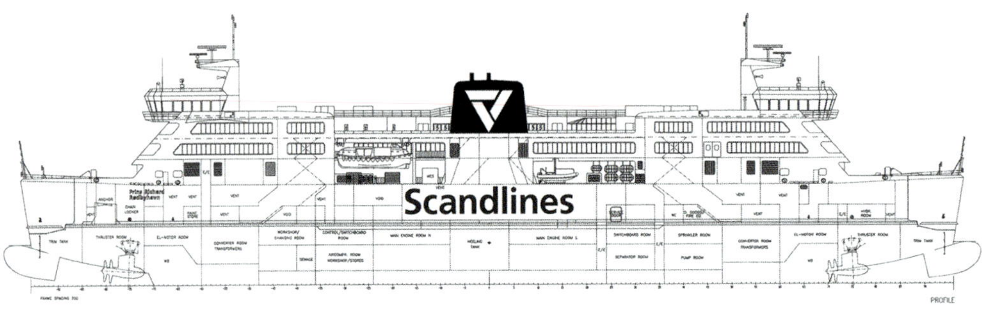

Schleswig-Holstein

Baujahr:	1997
Bauwerft:	Van der Giessen-De Noord, Krimpen aan den IJssel
Reederei:	Scandlines
Länge ü.a.:	142,00 Meter
Breite:	24,80 Meter
Tiefgang:	5,80 Meter
Bruttoraumzahl:	15.187
Nettoraumzahl:	4.556
Geschwindigkeit:	18,5 Knoten
Passagiere:	1.200 Pers.
Pkw:	364 Stk.
Lkw:	625 Meter
Eisenbahn:	118 Meter (1 Gleis)
Maschinen:	GenSet MAK 9M32E 1x 4.750 kW GenSet MAK 8M32 2x 3.520 kW GenSet MAK 6M32 1x 2.640 kW
EES-Kapaztät*:	2.600 kWh
EES-Output*:	3.500 kW
Antrieb:	Kongsberg AZP 120 FP 4x 3.000 kW
Notgenerator:	GenSet Caterpillar 1x 481 KVA

*) EES Energiespeichersystem

Stand: Juli 2020

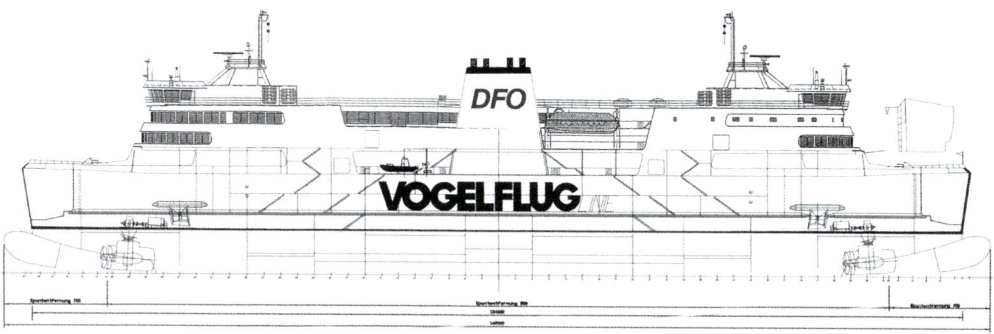

Deutschland (IV)

Baujahr:	1997
Bauwerft:	Van der Giessen-De Noord, Krimpen aan den IJssel
Reederei:	Scandlines
Länge ü.a.:	142,00 Meter
Breite:	24,80 Meter
Tiefgang:	5,80 Meter
Bruttoraumzahl:	15.187
Nettoraumzahl:	4.556
Geschwindigkeit:	18,5 Knoten
Passagiere:	1.200 Pers.
Pkw:	364 Stk.
Lkw:	625 Meter
Eisenbahn:	118 Meter (1 Gleis)

Maschinen:	GenSet MAK 9M32C 1x 4.500 kW GenSet MAK 8M32 2x 3.520 kW GenSet MAK 6M32 1x 2.640 kW
EES-Kapaztät*:	1.600 kWh
EES-Output*:	3.500 kW
Antrieb:	Kongsberg AZP 120 FP 4x 3.000 kW
Notgenerator:	GenSet Caterpillar 1x 481 KVA

**) EES Energiespeichersystem*

Stand: Juli 2020

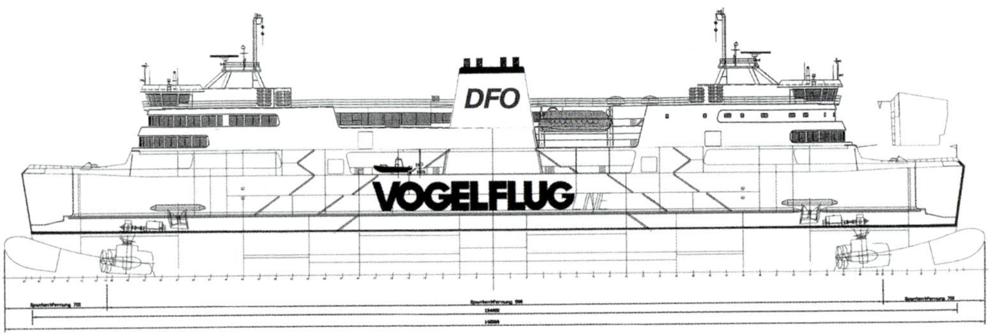

Prinsesse Benedikte (II)

Baujahr: 1997
Bauwerft: Ørskov Staalskibsværft, Frederikshavn
Reederei: Scandlines
Länge ü.a.: 142,00 Meter
Breite: 25,40 Meter
Tiefgang: 5,80 Meter
Bruttoraumzahl: 14.822
Nettoraumzahl: 4.446
Geschwindigkeit: 18,5 Knoten
Passagiere: 1.140 Pers.
Pkw: 364 Stk.
Lkw: 580 Meter
Eisenbahn: 118 Meter (1 Gleis)

Maschinen: GenSet MAN 6L32/44CR
1x 3.600 kW
GenSet MAK 8M32
2x 3.520 kW
GenSet MAN 8L32/44CR
1x 4.800 kW
EES-Kapaztät*: 1.600 kWh
EES-Output*: 3.500 kW
Antrieb: AquaMaster CRP
4x 3.000 kW
Notgenerator: GenSet MAN D2840LE
1x 357 kW

**) EES Energiespeichersystem*
Stand: Juli 2020

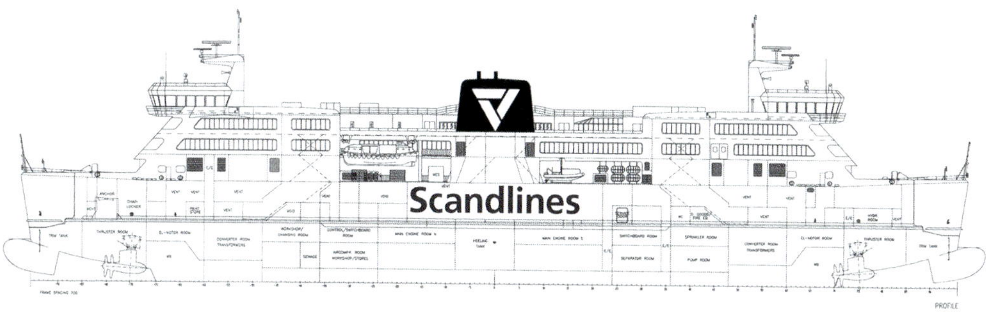

Holger Danske

Baujahr: 1976
Bauwerft: Aalborg Værft, Aalborg
Reederei: Scandlines
Länge ü.a.: 86,80 m
Breite: 13,40 m
Tiefgang: 4,00 m
Bruttoraumzahl: 2.779
Nettoraumzahl: 833
Geschwindigkeit: 14,5 Knoten
Passagiere: 12 Pers.
Pkw: keine
Lkw: 8 Stk.
Eisenbahn: keine

Maschine: Frichs P8185 CUT 4x 588 kW
Propeller: 1x Heckpropeller 1x Bugpropeller
Notgenerator: Scania DS 11A 06 4x 150 kW

Stand: Juli 2020

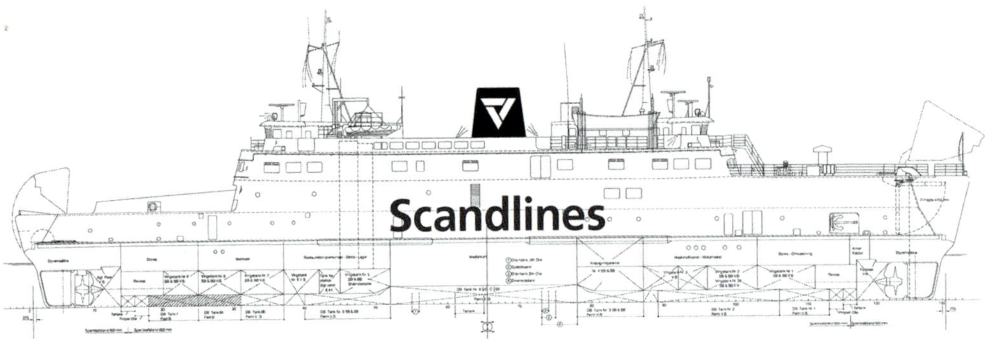

Kronprins Frederik

Baujahr:	1981	**Maschine:**	MAK 8M32C
Bauwerft:	Nakskov Skibsværft,		4x 4.000 kW
	Nakskov		MAK 6M32C
Reederei:	Scandlines		2x 3.000 kW
Länge ü.a.:	152,00 m	**Propeller:**	2x Verstellpropeller
Breite:	23,70 m		2x Bugstrahlruder
Tiefgang:	5,10 m	**Notgenerator:**	MAK 6M20
Bruttoraumzahl:	16.071		1x 930 kW
Nettoraumzahl:	4.821		Frichs 8185 ACUS
Geschwindigkeit:	18,5 Knoten		3x 735 kW
Passagiere:	133 Pers.	*Stand: Juli 2020*	
Pkw:	keine		
Lkw:	40 Stk.		
Eisenbahn:	keine		

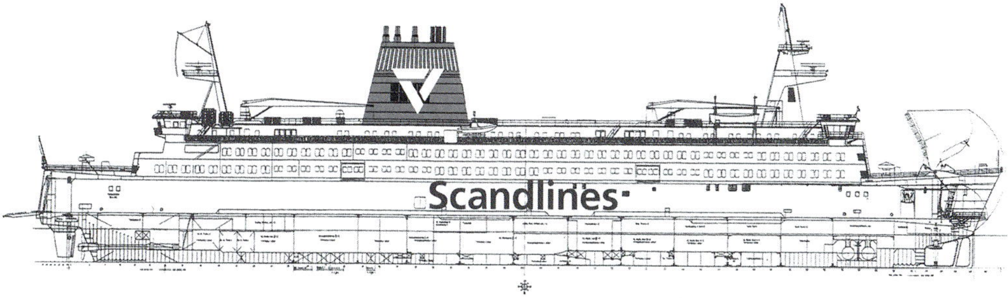

Danksagung

Allen, die zur Entstehung dieses Bildbandes beigetragen haben, sei an dieser Stelle herzlich gedankt. Vor allem bedanke ich mich bei Dieter Streich, Uwe Gebbert, Christian Gauger, Kai Ortel und Horst-Dieter Foerster für das Bereitstellen von Fotomaterial aus ihren privaten Fotoarchiven. Zudem danke ich meiner Partnerin Nele Freemann für die Unterstützung bei der Recherche und Gestaltung.

Bildnachweis

Günter Hauthal/Bildarchiv der Eisenbahnstiftung: S. 25; Peter Schiffer/Bildarchiv der Eisenbahnstiftung: S. 29 o, 35 o, 39 u; Reinhold Palm/Bildarchiv der Eisenbahnstiftung: S. 19 o, 20, 22 o; Walter Hollnagel/Bildarchiv der Eisenbahnstiftung: S. 9, 14, 17, 18 o, 18 u, 19 u; Christian Gauger: S. 31, 33 o, 38 o, 39 o, 40 u, 42 o, 45, 46, 52; Dieter Streich: S. 10, 11, 12, 13, 22 u, 23 o, 28 o, 29 u, 30 o, 32 o, 32 u, 34 o, 34 u, 35 u, 38 u, 40 o, 41 o, 41 u, 43 o, 43 u, 44 o, 44 u, 47 o, 47 u, 48 o, 48 u, 49 o, 49 u, 51 o, 51 u, 53 o, 53 u, 54 o, 54 u; Harry Brandt: Einband vorn, S. 4, 7, 23 u, 26, 28 u, 36, 63 u, 65 o, 65 u, 72 o, 72 u, 73 o, 73 u, 74 o, 75, 79 o, 81 u; Hans Böhlke/Historische Sammlung DB AG: S. 27 o; Dänische Staatsbahnen/Historische Sammlung DB AG: S. 33 u; Ralf Roman Rossberg/Historische Sammlung DB AG: S. 27 u; Bernd Umbrecht/Historische Sammlung DB AG: S. 24 o; Historische Sammlung DB AG: S. 24 u; Horst-Dieter Foerster: S. 50 o, 50 u, 59 u, 67 o; Kai Ortel: S. 42 u, 64 u, 71 o, 71 u; Sammlung Uwe Gebbert: S. 55, 59 o, 60 o, 60 u, 61 o, 61 u, 62 o, 62 u, 63 o, 64 o, 66 o, 66 u, 67 u, 68, 69 o, 69 u, 70; Scandlines: S. 114 u, 115 u, 116 u, 117 u, 118 u, 119 u; Sammlung Lars-Kristian Brandt: S. 16 o, 16 u, 30 u; Lars-Kristian Brandt: Vorsatz, S. 2, 5, 8, 56, 57, 58, 74 u, 76, 78 o, 78 u, 79 u, 80 o, 80 u, 81 o, 82, 84, 85 o, 85 u, 86 o, 86 u, 87 o, 87 u, 88 o, 88 u, 89 o, 89 u, 90, 92 o, 92 u, 93 o, 93 u, 94 o, 94 u, 95 o, 95 u, 96 o, 96 u, 97 o, 97 u, 98 o, 98 u, 99, 100 o, 100 u, 101 o, 101 u, 102 o, 102 u, 103 o, 103 u, 104, 106 o, 106 u, 107 o, 107 u, 108 o, 108 u, 109, 110, 111 o, 111 u, 112 o, 112 u, 113, 114 o, 115 o, 116 o, 117 o, 118 o, 119 o, Nachsatz, Einband hinten.

Quellennachweis

Bundesminister für Verkehr (Hrsg.): *Die Vogelfluglinie, Planung und Bau der Verkehrsanlagen in der Bundesrepublik Deutschland.* Karl Wachholtz Verlag, Neumünster 1963.

Deutsche Bundesbahn (Hrsg.): *Brücke zum Norden, Bildjahrbuch der Deutschen Bundesbahn.* Athenäum Verlag Junker und Dünnhaupt KG, Bonn 1963.

Frister, Thomas (Hrsg.): *Eisenbahn Kurier Special 53 (2/1999), Die Vogelfluglinie.* EK-Verlag GmbH, Freiburg 1999.

Hauptverwaltung der Deutschen Bundesbahn (Hrsg.) / Generaldirektion der Dänischen Staatsbahnen (Hrsg.): *Die Vogelfluglinie Fugleflugtslinien.* Hestra-Verlag, Darmstadt 1963.

Meier, Günther: *Die Vogelfluglinie und ihre Schiffe.* Koehlers Verlagsgesellschaft mbH, Herford 1988.

Scandlines